BIBLIOTHÈQUE HUMANITAIRE

LOUIS XIV SANS PERRUQUE

CONFÉRENCE

PAR

N. BLANPAIN

PRIX : 25 CENTIMES

PARIS
TYPOGRAPHIE N. BLANPAIN
7, rue Jeanne, 7

LOUIS XIV SANS PERRUQUE

Mesdames, Messieurs,

Ce n'est point du guerrier, du souverain surnommé *le Grand* que je veux vous entretenir. J'abandonne bien volontiers l'éloge de cette grandeur à ceux qui se font les adorateurs des puissants, à ceux qui prêchent la haine du sang répandu, des guerres désastreuses, et qui pourtant, — ô contradiction ! — n'ont pas assez de *Te Deum* pour célébrer les victoires des vainqueurs et de chants de joie pour insulter à la défaite des vaincus. Oui, je laisse ces adorations à ceux qui vendent leur Dieu et trafiquent des rois. Mon but est plus modeste ; je vous parlerai de Louis XIV en tant qu'homme privé et vous montrerai que si, en public, ce fut un grand monarque, dans son intérieur, ce fut un triste sire.

Malgré son titre de roi de droit divin, un mystère pèse sur la naissance de Louis XIV, et certes ce n'est point moi qui me chargerai de l'éclaircir. Les gens bien pensants affirment que la providence se servit d'une nonne, mademoiselle de La Fayette, autrefois favorite de Louis XIII, pour amener une réconciliation momentanée entre le roi et la reine, depuis longtemps séparés de corps, et que Louis XIV fut le fruit divin de ce rapprochement. D'autres, les sceptiques, prétendent que le diable s'en mêla sous les traits de Buckingham ou même de Richelieu.

Quoi qu'il en soit, il n'est que trop certain qu'il y a eu un roi du nom de Louis XIV.

Le croirait-on ? Ce prince n'eut même pas cette instruction primaire qu'aujourd'hui le plus pauvre prolétaire a le droit de demander pour son enfant. A peine lui apprit-on à lire et à écrire et son ignorance des plus simples événements de l'histoire le fit souvent tomber en public, en présence d'ambassadeurs étrangers, dans les absurdités les plus grossières.

C'était là le résultat de la politique de Mazarin. A dessein, ce cardinal épaissit autour de son maître les ténèbres de l'ignorance, lui fit prendre en dégoût toutes les connaissances sérieuses, et cela dans un but d'égoïsme monstrueux, afin de prolonger l'enfance du monarque et de le retenir le plus longtemps possible sous sa dépendance. Il avait entouré le roi d'espions, enfants comme lui, qui, sous le prétexte de partager ses jeux, enlevaient les livres qui auraient pu contribuer à en faire un homme.

— Reposez-vous-en sur moi, disait l'adroit cardinal, il n'en saura que trop; quand il vient au conseil, il m'accable de remarques et de questions. D'ailleurs, ajoutait-il avec une pointe d'ironie, il y a dans ce prince de quoi faire quatre souverains et un honnête homme!

A défaut d'instituteurs, Louis XIV eut des flatteurs. Il faut le dire hautement : autour de ce roitelet de dix-sept ans vint se ranger une tourbe de poètes, d'orateurs, d'historiens et d'artistes qui se disputèrent le triste honneur d'encenser le maître, de chanter ses louanges en vers, en prose, en français, en latin et en grec. Devant lui les poëtes classiques ont prosterné les habitants de l'Olympe et les prédicateurs chrétiens ont agenouillé leur Dieu! Dans un de ses accès hyperboliques de courtisanerie, Bossuet n'alla-t-il point un jour jusqu'à s'écrier en contemplant la superbe perruque de son maître : « O rois, vous êtes des dieux ! » Aujourd'hui encore Louis XIV n'est-il pas, pour le clergé, la grandeur et la vertu idéales, le type accompli de toutes les perfections monarchiques?

Jamais pour aucun personnage on ne fit une telle consommation d'épithètes. Les flatteurs le surnommèrent Grand, Auguste, Divin, et firent de lui le tyran le plus insupportable, en lui donnant de son mérite et de sa grandeur des idées exagérées. Comme au fou de Séville, les honneurs de l'apothéose lui firent croire qu'il était un dieu. Et pourtant, malgré tout l'éclat de ce règne, Louis XIV ne montra jamais cette supériorité d'âme qui fait les héros. Il ressemble à ces idoles indiennes renfermées dans de superbes pagodes, environnées d'or, de colonnes, de tapis, qui les dérobent à la vue et qui n'offrent enfin à l'œil qui les approche qu'une espèce de caricature dont le sage se détourne avec dégoût, quoique les ignorants se prosternent devant elles. Et comme si ce n'était pas assez des innombrables platitudes qu'il avait inspirées pendant sa vie, durant un siècle après sa mort, les Académies imposèrent son éloge dans les concours.

Mais, me dira-t-on, Louis XIV a encouragé les arts, les sciences, les lettres et accordé des gratifications et des pensions aux hommes de génie français et étrangers. Soit, mais il y avait là plus d'ostentation que de vraie grandeur. Par ses largesses répandues au delà des contrées soumises à son pouvoir, il n'a voulu qu'augmenter le nombre des trompettes de sa renommée. Et puis ces pensions, d'ailleurs des plus minces, n'étaient accordées qu'aux hommes à épine dorsale flexible et à plume élogieuse. Témoin Boileau. Tant que ce dernier ne composa que des satires, — genre de poésie rarement récompensé dans les cours, — il n'eut aucune part aux bienfaits du roi. Il ne fut comblé d'honneurs et de biens que lorsque sa plume eut appris l'art lucratif des éloges hyperboliques. Quant aux écrivains et artistes qui ont illustré cette époque, si loin qu'on pousse l'adulation, je ne pense pas que les admirateurs les plus acharnés de la monarchie osent nous affirmer sérieusement que les chefs-d'œuvre de ce siècle sont dus à Louis XIV, cet ignare, comme l'appelle Saint-Simon, ce persécuteur de tous les hommes de génie qui ne l'encensèrent point.

A quinze ans, âge où nos rois étaient majeurs, comme s'ils eussent reçu du ciel cette sagesse et cette maturité qu'un simple particulier n'acquiert aujourd'hui de par le Code qu'à l'expiration de sa vingt et unième année, Louis XIV fut déclaré capable de gouverner la France. Aussi n'était-ce pas sans raison que les gens de bien s'inquiétaient de voir les destinées de la patrie confiées à un monarque dont toute la capacité se bornait à danser dans les ballets, à faire des armes et à monter à cheval.

Louis XIV commença sa carrière militaire par la conquête des filles d'honneur de sa mère. Là, il déploya une valeur surhumaine; car elles sont nombreuses, les malheureuses avides de plaisirs et de richesses, qui ont laissé, à chaque page de ce long règne un nom déshonoré.

Mazarin favorisait ces liaisons; on le soupçonna même d'avoir voulu faire de sa nièce, maîtresse du roi, une reine de France; mais Anne d'Autriche s'opposa énergiquement à cette union et le cardinal fut tellement effrayé des menaces de la reine mère qu'il se décida à éloigner Marie Mancini.

L'appartement d'Olympe Mancini, que le roi avait également aimée et qui avait épousé le comte de Soissons, était le centre de la galanterie et des intrigues secrètes de Louis XIV et de quelques seigneurs. Là, le roi, après un joyeux repas, proposait souvent un bal et aussitôt violons d'aller et jambes de sauter jusqu'au matin. En sortant de ces orgies royales, les jeunes seigneurs avinés regagnaient à pied leur hôtel, cassant les vitres des bourgeois endormis, brisant leurs enseignes, battant les passants, le tout avec accompagnement de grands éclats de rires et de cyniques propos.

Ce sont là jeux de princes, me direz-vous. Soit ; mais qu'ont donc fait de plus ceux qui journellement vont s'asseoir sur les bancs de la police correctionnelle?

Le roi poussa plus tard la débauche jusqu'à créer la charge de lieutenant général de police, non pour la suppression d'une foule de désordres, mais pour la satisfaction d'une impure curiosité. Conversations des lieux publics ou des maisons particulières, commerce du monde, secrets de famille, liaisons clandestines, scandales des cloîtres, tout revenait à l'illustre monarque. La ville et la cour étaient transparentes pour le souverain. L'espionnage était alors dans toute sa splendeur.

Le 9 juin 1660, Louis XIV épousa Marie-Thérèse d'Autriche, fille de Philippe IV. Les dépenses excessives occasionnées par ce mariage firent prévoir les magnificences ruineuses de ce règne. Le carrosse royal avait coûté soixante-quinze mille livres et la broderie des habits du souverain s'était élevée au prix de deux millions. Les fêtes données à cette occasion n'eurent de rivales ni dans l'antiquité, ni dans les temps modernes.

Tout d'abord Marie-Thérèse parut devoir fixer le cœur volage de son mari ; mais la reine qui s'était crue aimée, eut bientôt à essuyer une longue suite de chagrins d'autant plus amers qu'elle les dévorait en secret, sans se plaindre ; car le roi lui avait signifié brutalement qu'il ne voulait pas éprouver la plus légère contrainte.

Et pourtant cette femme était digne d'être aimée, car elle fut du petit nombre de nos reines qui n'ont fait aucun mal à la nation ; mais il faut aux rois des femmes qui leur ressemblent.

A la société de Marie-Thérèse, Louis XIV préférait celle de sa belle-sœur Henriette d'Angleterre. Madame s'ennuyait autant avec Monsieur que le roi avec la reine. Ils se dirent leurs dégoûts, se virent pour soulager leur ennui et bientôt Monsieur ne douta plus de son déshonneur, bien que le roi essayât de dérober aux yeux de son frère ce criminel attachement, en séduisant les filles d'honneur de la princesse.

La première maîtresse déclarée fut Louise-Françoise de la Baume Le Blanc qu'il créa duchesse de La Vallière. C'est un chapitre digne de figurer dans l'*Astrée* que le préambule des lettres-patentes qui érigent en duché-pairie, sous le nom de La Vallière la terre de Vauséjour et la baronnie de Saint-Christophe. Il y est question des rares perfections de Louise Le Blanc, de sa modestie, de sa beauté, de l'affection très-singulière du roi, de la justice que le monarque trouve à récompenser les rares services qu'il a reçus de sa chère bien-amée et très féale Louise-Françoise de La Vallière; enfin il y est dit qu'à titre de récompense, Louis XIV lui achète, de ses *propres deniers*, ces terres également considérables par leurs revenus et par le grand nombre de leurs mouvances.

De ses deniers! Ah! l'étrange abus de mots! c'étaient les biens du peuple, le produit de ses pénibles labeurs qui servaient à doter les maîtresses royales, à légitimer et à enrichir leurs bâtards.

Et pourtant, à la louange de cette favorite les écrivains conviennent qu'elle assistait sans en jouir à toutes les parties de chasse ou de plaisir que le roi donnait en son honneur; elle les condamnait même et employait tout son ascendant sur le monarque pour le rendre moins prodigue de l'or de ses sujets. De semblables observations n'étaient point du goût de ce tyran qui, menant une vie de débauches, prodigua l'or et engloutit les richesses de la nation dans des fêtes qui surpassaient en magnificence celles de tous les despotes qui avaient pesé sur la France! La Vallière fut donc abandonnée pour courir à de nouvelles conquêtes.

Monarque lâche, égoïste, d'un orgueil surhumain qui lui fit prendre pour emblème cette devise outrecuidante: « *Nec pluribus impar*, » Louis XIV était, dit madame de Motteville, dur, implacable, n'avait aucune pitié pour les souffrances des autres; il forçait la reine comme ses maîtresses à l'accompagner dans ses voyages, même pendant leur grossesse; ce qui plusieurs fois mit leurs jours en danger et les fit accoucher d'enfants morts. Le roi poussait l'égoïsme si loin qu'il n'eût retardé ni une fête, ni un divertissement, ni une chasse pour une heure, pour une minute, lors même que la vie de sa mère y eût été intéressée. »

D'ailleurs le fils était digne de la mère. Anne d'Autriche pensait que la tyrannie est le meilleur moyen de gouverner. « Il faut disait-elle souvent à Louis XIV, il faut enchaîner la nation pendant son sommeil, afin qu'elle se réveille soumise. » Elle voyait avec délices se développer l'affreux caractère de Louis qui annonçait devoir perpétuer les malheurs de la nation. Mais la première elle recueillit les fruits de cette éducation sauvage, et, à ses derniers instants, elle dut faire de tristes réflexions. L'horrible maladie, un ulcère, qui lui dévora le sein et la fit assister vivante à la dissolution de tout son être, allait avoir son dénoûment fatal : la mort ! Cependant, durant cette épouvantable agonie, la cour ne songea point à suspendre ses plaisirs : la comédie, les bals, les cercles galants, les petits soupers continuaient. Tandis que déjà, au Palais-Royal, on déployait le drap funéraire pour envelopper la veuve de Louis XIII, Louis XIV, au Louvre, ornait du bandeau nuptial la tête d'une jeune fiancée de sa cour ! Bien plus, la reine expirante apprit que, dans ses appartements, à quelques pas de son lit, la possession de ses diamants était l'objet d'une très vive discussion entre le roi et Monsieur !

Louis XIV ne trouva pas dans son œil royal une seule larme pour pleurer la mort de sa mère. Il ordonna froidement les apprêts des funérailles qui furent d'une simplicité trahissant la négligence. Sous prétexte d'échapper aux ennuis d'une cérémonie aussi triste, il se tint enfermé dans ses appartements avec la marquise de Montespan.

Madame de Montespan était la nouvelle favorite en titre. Le roi l'avait volée à l'affection de son mari. A la nouvelle de son déshonneur, M. de Montespan se rendit à Saint-Germain où était la cour, dans un carrosse drapé de noir. Lui-même parut dans le plus sombre costume. Le roi, surpris lui demanda de qui il était en deuil.

— De ma femme, sire, répondit-il.

Sa Majesté, pour le moment, se contenta de lui tourner le dos ; mais, le soir même, le marquis eut ordre de ne plus paraître à la cour. Plus tard, le mari fut enfermé à la Bastille, puis enfin exilé dans une terre qu'il possédait au pied des Pyrénées.

Voilà comment le grand roi respectait la famille et les liens du mariage.

Le saint roi David faisait tuer les maris gênants, Louis XIV s'en débarrassait par l'exil. La monarchie était en progrès.

A cette époque, Louis XIV entretenait trois ménages dans son palais : celui de la reine Marie-Thérèse, celui de mademoiselle de La Vallière, mère de quatre enfants, et celui de madame de Montespan. Aussi la famille du grand roi prenait-elle un notable accroissement.

La Fontaine dans ses *Amours de Psyché*, fait dire par Psyché à sa sœur : « Si votre époux a une douzaine de médecins autour de lui, je puis dire que le mien a deux fois autant de maîtresses qui, grâce à Lucine, ont le don de fécondité ; et la famille royale est tantôt si ample qu'il y aurait de quoi former une colonie considérable. »

Il était difficile de faire une allusion plus claire aux goûts du roi. C'est par de telles allégories que notre bon fabuliste se brouilla avec la fortune, et se mit à dos l'Académie qui, dans son enceinte, n'aura jamais de siége pour la vérité.

Madame de Montespan eut neuf enfants qui, comme ceux de La Vallière, furent pourvus d'apanages, dotés de millions, de châteaux, de titres, de dignités, et légitimés par un arrêt du Parlement, afin que, dans le cas où les enfants de Marie-Thérèse viendraient à mourir, les bâtards pussent succéder à la couronne de France, et cela de par le droit divin.

La Montespan ne se borna pas à régner sur le cœur du roi ; elle voulut avoir la haute main dans les affaires de l'Etat, assista au Conseil et exigea que les ministres lui permissent de puiser, selon son bon plaisir, dans le trésor public. Ses enfants étaient élevés publiquement et les courtisans leur rendaient les mêmes honneurs qu'aux fils de France ; ils avaient leurs maisons, leurs gouverneurs et leurs gouvernantes.

Au nombre de ces dernières, au service de la Montespan, se trouvait une femme qui devait bientôt exercer un empire absolu sur Louis XIV. Cette femme était Françoise d'Aubigné, veuve du cul-de-jatte et poëte Scarron, gouvernante du petit duc du Maine, en instance pour devenir reine et d'ailleurs digne de l'être.

Je ne m'attarderai point aux intrigues si pieusement et si habilement mises en œuvre pour supplanter dans la faveur royale sa protectrice, la marquise de Montespan, qui lui avait fait obtenir une pension du roi et la charge de gouvernante. Je ne vous entretiendrai pas de son passé besoigneux et fort peu édifiant. En arrivant à la cour, elle affecta un genre de vie irréprochable, ayant tout un plan à mener à bonne fin. Les précédentes favorites avaient gagné le cœur du roi par l'appât des plaisirs, elle se promit de le dompter par la chaîne de la dévotion et par la crainte de l'enfer, et peu à peu d'arriver à offrir à Louis XIV sa piété de commande et ses cinquante ans bien sonnés en échange de sa main et de la couronne de France.

Dans ce but, elle fit alliance avec Bossuet, avec le père La Chaise, confesseur du roi, et gagna ensuite à sa cause le père La Rue et toute la société des jésuites par l'espérance qu'elle leur donna d'amener le roi à tout ce que ces bons Pères voudraient pour l'entière destruction de Port-Royal et l'anéantissement des jansénistes et des protestants.

Proclamons-le bien haut : si le règne de Louis XIV eut quelque grandeur, c'est à Colbert, le surintendant des finances, qu'on doit rapporter toute la gloire des grandes et utiles choses qui s'accomplirent et que des écrivains stipendiés ont voulu faire remonter jusqu'à Louis XIV.

Dès son entrée aux affaires, Colbert résolut de supprimer les taxes intérieures qui gênaient le commerce des provinces ; il voulut également relever l'agriculture et se prêta à toutes les réformes qu'il jugea utiles à la prospérité de ces deux sources de la richesse publique.

La seule affection qu'on lui connut, ce fut celle du travail.

Si j'avais la faveur d'approcher des ministres qui se plaignent du nombre croissant des solliciteurs d'emplois, je leur donnerais ce conseil :

— Faites comme Colbert. Son ministère était l'enfer des commis. Obligez, comme lui, vos employés à se trouver dans leurs bureaux à cinq heures du matin et surtout donnez-leur l'exemple en travaillant comme Colbert seize heures par jour, et bientôt vous verrez fuir les solliciteurs, à moins que vous ne commenciez par vous sauver vous-mêmes.

Colbert s'est vivement intéressé au bien-être du peuple ; il exempta de la taille les familles trop nombreuses et interdit la saisie des instruments de labour et des bestiaux. Il réduisit le nombre des moines pour augmenter celui des travailleurs et supprima quelques-unes de ces innombrables fêtes de l'Eglise qui multipliaient les chômages inutiles. Aussi fut-il en butte à la haine jalouse des courtisans et des prêtres, parce qu'il avait opéré une réduction sur les rentes, s'était opposé à la révocation de l'édit de Nantes et parce qu'il professait ouvertement un profond mépris pour les oisifs et pour les hommes à offices qu'il appelait des parasites, des sangsues, et qu'il accusait avec raison de s'engraisser du travail commun dans une honteuse paresse. — Traitants et prêtres, deux lèpres sociales!

L'égoïsme et les injustes reproches du roi tuèrent cet homme de bien, le seul ministre des finances qui jusqu'alors n'eût pas scandaleusement pillé le trésor public. A ses derniers instants, il reçut de Louis XIV une lettre d'excuse qu'il refusa de lire :

— Je ne veux plus, dit-il, entendre parler de cet homme. Qu'au moins il me laisse mourir tranquille.

J'arrive à l'acte le plus infâme de ce règne. Tant que Colbert avait vécu, le roi n'avait point persécuté ouvertement les protestants, ce grand ministre lui ayant toujours montré en eux des citoyens attelés au char de la prospérité publique. Le père de La Chaise et madame de Maintenon n'osaient opposer leurs prêcheries bigotes et spécieuses à la raison puissante, à la logique forte de preuves dont le contrôleur général appuyait ses avis. Si Bossuet et Fénelon employaient leur éloquence à desservir ceux qu'ils appelaient les huguenots, Colbert leur disait :

— Messieurs, ceci appartient à votre conscience de Sorbonne ; il en est une autre en vous, laissez-la parler, vous direz toute autre chose.

Mais l'homme qui ne conseillait jamais rien à son maître que sous l'inspiration de la vraie sagesse, était mort, tous les organes de l'intolérance religieuse bourdonnèrent sans cesse aux oreilles du roi, et le fougueux Louvois brisa le frein que Colbert avait donné au fanatisme. Dès la fin de 1684, on commença à faire jeter bas les temples protestants ; puis on envoya aux huguenots des missionnaires pour les convertir et des dragons, autrement appelés *missionnaires bottés*, chargés de punir ceux qui ne se convertiraient pas. Partout, du haut de la chaire, les prédicateurs firent l'apologie de ces persécutions et cherchèrent à justifier par la parole du

Christ, torturée de mille manières, des violences que sa morale repousse. Les provinces se remplirent de terreur; des actions révoltantes furent commises par les convertisseurs : ici l'on enchaînait parmi les forçats des hommes dont l'unique crime était de n'avoir pas compris ce qu'on exigeait d'eux, là des femmes étaient ignominieusement rasées et fouettées pour avoir chanté des hymnes en français ; plus loin des pasteurs expiaient au gibet ou sur la roue leur persévérance dans la foi de leurs pères. Une soldatesque furieuse traînait à l'autel des vieillards tremblants et les forçait à recevoir, sous le sabre, un Dieu de paix et de miséricorde. Dans la Saintonge, dans le Languedoc, la persécution se montra industrieuse à créer des tourments : là surtout on vit des hommes et des femmes pendus par les cheveux aux arbres de leurs jardins; d'autres lardés d'épingles, déchiquetés avec des pincettes rougies, enflés avec des soufflets; d'autres enfin que l'on plongeait au fond des puits, la tête la première, ou que de barbares exécuteurs poursuivaient dans les bois comme des fauves. Les protestants, pour échapper à la torture, prononçaient-ils leur abjuration, on les environnait d'espions qui épiaient leurs regrets, comptaient leurs soupirs et les jetaient ensuite comme relaps dans d'humides cachots.

Ah ! que les noms de ces persécuteurs, les Baville, les Maintenon, les Marillac, les jésuites de Marennes, avec celui du grand roi Louis XIV soient à jamais maudits !

Vous avez, Messieurs, entendu parler de la révocation de l'édit de Nantes. Je viens d'en retracer les préliminaires.

Le 22 octobre 1685, le roi étant à Fontainebleau, parut ce fameux édit qui révoquait celui de Nantes, rendu par Henri IV, et qui admettait les protestants à la jouissance de tous les droits dévolus aux autres Français. L'édit de Fontainebleau ordonna aux ministres protestants qui ne voudraient par se convertir, de quitter le royaume dans le délai de quinze jours... Ils obéirent, et la presque totalité du troupeau suivit les pasteurs, malgré le rempart de mousquets dont Louvois hérissa les frontières et les ports.

On vit alors sortir du royaume de nombreux fabricants, des artistes ou artisans ingénieux qui enrichirent la Hollande, l'Angleterre, la Suisse et surtout l'Allemagne, des trésors d'industrie qui manquaient à ces Etats et dont la France s'appauvrit. Ce fut là le digne dénoûment d'une longue suite de persécutions dirigées par des fanatiques contre des gens dont le crime était de ne point partager leurs opinions religieuses; mesure aussi injuste dans son principe qu'immorale et criminelle dans ses procédés et funeste dans ses conséquences; car nous avons vu, en 1870, les descendants de ces émigrés combattre contre nous à la tête de nos ennemis les plus acharnés et nous faire payer cher le crime du grand roi. A elle seule, dans l'état-major de l'armée d'invasion, la Prusse comptait plus de quatre-vingts généraux et colonels dont les ancêtres avaient été chassés de leur patrie par la révocation de l'édit de Nantes.

Quelle leçon pour les fanatiques et les intolérants! Devant ce fait, peut-on se défendre d'une douloureuse indignation en songeant que tous ces proscrits eussent compté parmi les défenseurs de la France sans le fanatisme des jésuites, d'une vieille dévote et d'un despote!

Quelques hommes indignés osèrent pourtant élever la voix contre ce criminel attentat.

— Sire, dit au roi le comte d'Avaux, une foule de négociants va, en sortant de France, emporter trois ou quatre millions.

— Mon royaume en sera purgé, répondit Louis XIV.

— Il se peut, sire, répliqua le gentilhomme, mais un tel purgatif pourra bien le rendre étique.

Le clergé approuva cet acte inique. Entre tous les prêtres qui se firent remarquer par leur enthousiasme, nous citerons les Massillon, les Bourdaloue, les Fléchier et surtout Bossuet qui s'écria : « Ne laissons pas de publier ce miracle de nos jours, faisons-en passer le récit aux siècles futurs. Hâtez-vous de mettre Louis avec les Constantin et les Théodose et disons à ce nouveau Charlemagne : Vous avez affermi la foi, vous avez exterminé les hérétiques, c'est le digne ouvrage de votre règne. » Voilà le patriotisme des prêtres.

Peut-être madame de Maintenon, cette petite-fille du célèbre protestant Théodore-Agrippa d'Aubigné, éprouva-t-elle un remords d'avoir été la complice de ces crimes épouvantables; car elle n'était point la dupe du clergé, elle n'avait point la foi pour excuse de sa cruauté envers ses anciens coreligionnaires. Femme intelligente, elle avait certainement senti dans le catholicisme l'opposition de l'acte et de la parole; elle avait compris que la prétendue morale du clergé n'est que la sanction de toutes les injustices, l'absolution de tous les vices, la justification de la force brutale, l'obéissance et l'abnégation imposées aux faibles, les puissants toujours bénis et encensés.

Que de femmes aujourd'hui, surtout parmi celles qui m'écontent, ont aussi pénétré les artifices de cette doctrine caduque qui, pour ne pas perdre ses derniers partisans, affecte le langage nouveau, les allures nouvelles, se plie enfin à toutes sortes d'accommodements et de maquillages. En ce qui concerne particulièrement le rôle de la femme comme l'entend le clergé, qui ne reculerait de dégoût devant ce type d'esclave abjecte et rusée, devant cette abdication de la dignité et de la sincérité qui sont l'idéal de l'Eglise et grâce auxquels l'Eglise gouverne le monde en faisant de la femme un instrument. Oui, madame de Maintenon l'avait compris et elle n'en fut que plus coupable.

Mais elle voulait gravir les marches du trône et pour cela elle avait besoin du clergé et surtout du confesseur du roi qui, grâce à elle, était une puissance, depuis que, devenu vieux, le diable, je veux dire le roi, s'était fait dévot et jésuite.

On était loin alors de cette époque où le brillant Louis XIV avait pour confesseur le père Annat, qui se contentait d'être confesseur honoraire du roi.

En 1670, le père Ferrier succédait au père Annat, mort dans le facile exercice de sa charge. Pour l'occuper le roi lui remit la feuille des bénéfices qui, lui dit-il, sera plus intéressante pour vous que mes péchés.

Le bonhomme Ferrier se crut secrétaire d'état, laissa vivre le roi à sa guise et, au bout de cinq années d'exercice, mourut sans avoir confessé son pénitent une seule fois.

Le père Ferrier eut pour successeur le jésuite La Chaise. Vive les disciples de saint Ignace pour se prêter à tout ! Ils savent passer par tous les chemins pourvu qu'ils aient l'espoir d'arriver ! C'est par les insinuations, les détours, la ruse, l'adresse, avec assaisonnement de flatterie et de servilité et non de vive force que ces sectaires assurent leur pouvoir et, lorsqu'ils sont sûrs de dominer leurs adversaires, quand ils sentent plier sous le poids de leur autorité les obstacles opposés à leur ambition, ils lèvent le masque et disent, comme Tartuffe : *C'est à vous de sortir !* Le père La Chaise a prouvé qu'il était pénétré des principes de son ordre et cela dès son entrée en fonctions de confesseur *ad honores*, en enlevant à l'archevêque de Paris, M. de Harlay, la confirmation des bénéfices et en faisant affilier Louis XIV à la Compagnie de Jésus. Il lui avait vanté les grands priviléges accordés par les papes aux membres de cette institution et lui avait persuadé que les disciples de Loyola, par une disposition particulière de la Providence, étaient tous admis dans le paradis, malgré les crimes dont ils avaient pu se rendre coupables, pourvu seulement qu'ils eussent été fidèles aux observances de la société. Bref, Louis XIV était parfaitement convaincu de monter droit au ciel après sa mort, en qualité de jésuite.

Le père La Chaise dégagea ensuite la parole donnée à madame de Maintenon. Aidé de Bossuet, il se mit à l'œuvre et proposa à Louis XIV un mariage secret, mais pourtant revêtu de toutes les formalités de l'Eglise. Un mariage ! le souverain se cabra d'abord à cette étrange proposition. Lui, Louis le Grand, épouser la veuve d'un cul-de-jatte ! C'était à faire crever de rire tous les potentats de l'Europe. Pourtant il fallut céder ! Il est vrai que le mariage devait être secret !

En présence de quatre témoins, le roi de France renoua avec Françoise d'Aubigné, âgée de cinquante ans, les liens de l'hymen, brisés par la mort de Marie-Thérèse et du grotesque Scarron.

Mais au moins, me direz-vous, le peuple fut heureux à cette époque de splendeurs, de victoires et de merveilles. Hélas ! Colbert va nous renseigner à ce sujet : « Les sept dixièmes des Français, dit-il dans son admirable livre de *la Dîme royale*, sont à peu près réduits à demander l'aumône. Des trois dixièmes restants deux ne valent guère mieux; quant au dernier tiers, un dixième à peine la peut faire. » « On ne peut plus aller, » s'écriait-il encore en jetant un regard effrayé vers l'avenir. Et ce mot plein de découragement arrivait aux oreilles de Louis XIV sans que ce monarque cessât de jeter d'une main prodigue dans le gouffre des plaisirs les dernières ressources du royaume.

Pour satisfaire à son amour effréné du luxe, il songeait à créer de nouveaux impôts et s'indignait que Fénelon osât lui écrire que ses peuples mouraient de faim.

Bien d'autres faits qui sont la condamnation sans appel de la monarchie, viennent assiéger ma pensée : Bossuet constatant que de toutes parts s'élève un cri de misère qui devrait fendre le cœur ; La Bruyère traçant une peinture terrible des campagnes et, à propos de saisies de terres et d'enlèvements de meubles, à propos de prisons et de supplices, déclarant que ce lui est une chose toujours nouvelle de contempler avec quelle férocité les hommes traitent d'autres hommes ; le duc de Lesdiguières écrivant à Colbert que les habitants du Dauphiné ne vivent que de glands, de racines, de l'herbe des prés et de l'écorce des arbres ; l'évêque d'Angers témoignant que le paysan habite des étables et ne se nourrit que de pain de fougère et encore n'en mange pas à son appétit... mais une conférence ne se prête pas à ces longues digressions et je ne voudrais point abuser de la patience de mon auditoire.

Voilà les échos bien affaiblis de ce lugubre gémissement qui s'élevait alors du fond des campagnes, tandis que, dans un hymne de gloire, le nom de Louis XIV retentissait jusqu'aux extrémités du monde ; tandis que sans cesse s'accroissaient les impôts pour payer les dépenses de guerre, l'entretien ruineux d'une cour avide et les somptuosités de Versailles. Voilà la misère du peuple sous ce grand roi que les royalistes nous citent comme le modèle des souverains.

Enfin mourut ce despote qui avait pesé sur la France pendant soixante-douze ans ; qui avait fait asseoir sur le trône l'orgueil, la luxure et le fanatisme ; qui avait traîné à sa suite les dilapidations, les massacres et les incendies ; qui avait foulé aux pieds les lois les plus sacrées de l'humanité ; qui avait bouleversé l'Europe entière par ses agressions injustes et extravagantes ; qui, dans ses guerres, avait englouti plusieurs millions d'hommes, soit de ses propres sujets, soit des peuples vaincus ; qui avait dépensé en palais, en fêtes, en dons à ses maîtresses, en gratifications de toute nature accordées à la flatterie, plus de soixante milliards ; qui avait réduit le royaume à une misère effroyable et placé la nation dans la nécessité de faire banqueroute !

Ah ! que le peuple eut raison de saluer d'un immense soupir de soulagement la nouvelle de la mort de ce roi dont poursuivit le cercueil de ses cris de malédiction !

www.ingramcontent.com/pod-product-compliance
Lightning Source LLC
Chambersburg PA
CBHW061528040426
42450CB00008B/1846